LEARN HEBREW TODAY

Alef-Bet for Adults

Paul Michael Yedwab
with Howard I. Bogot

URJ Press

New York, New York

PREFACE

This introduction to Hebrew reading is designed for adult Jewish study. This use of liturgy as the context for acquiring Hebrew skills as a lifelong competency is the direct result of years of creative deliberations by the Hebrew Task Force of the Union of American Hebrew Congregations, William and Frances Schuster Curriculum Project, originally chaired by Rabbi Bernard M. Mehlman and Nancy Elisberg. They were involved in the initial discussion of this text, as were Rabbi William L. Berkowitz and Janet B. Liss, who at the time was youth director and a Hebrew specialist at Temple Israel, Boston, Massachusetts. Rabbi Mehlman of Temple Israel transformed the idea for this text into a linguistic format. His guidance gave educational integrity to the initial drafts. *Learn Hebrew Today: Alef-Bet for Adults* is an adaptation of *The Alef-Bet of Blessing,* published by the UAHC Press.

This book has been prepared for those who will help adults "feel at home" with Hebrew reading skills, as well as learners who will be self-taught. Reading accuracy and fluency are the projected outcomes of this text. Grammar and reading comprehension should be future learning objectives. Through the use of this text, the student will discover that Hebrew is *Leshon Hakodesh,* the language for sacred times, places, and ideas. Hebrew expresses the Jew's search for meaning and commitment to community. Hebrew is the vehicle through which the Jew defines the essence of Jewish identity. *Ivrit* ("Hebrew") is as ancient as the Torah and as modern as the State of Israel.

For Fred and Joan Cohen, whose love for the Jewish people is both passionate and nurturing; commitments from which we derive personal strength.　　　　　*Rabbi Howard I. Bogot*

The English translations of the blessings, prayers, and readings are from *Gates of Prayer* (1975) and *Gates of the House* (1976), both edited by Chaim Stern (New York: Central Conference of American Rabbis), and from *The Torah: A Modern Commentary* (1981), edited by W. Gunther Plaut (New York: UAHC Press), using the translations of the Jewish Publication Society, Philadelphia © 1962, 1967.

Blessing 1: The Blessing over the Fruit of the Vine

The blessing begins:

בָּרוּךְ אַתָּה יְיָ

Read the Hebrew from right to left, ⇐ בָּרוּךְ ⇐

The first letter of our blessing is

בּ

Bet

which has the sound of “B” as in **B**erachah.

Locate the בּ throughout this paragraph from the *siddur* (“prayer book”). Pronounce the “B” sound each time in order to reinforce recognition.

אֱלֹהַי, נְשָׁמָה שֶׁנָּתַתָּ בִּי טְהוֹרָה הִיא! אַתָּה בְרָאתָהּ,
אַתָּה יְצַרְתָּהּ, אַתָּה נְפַחְתָּהּ בִּי, וְאַתָּה מְשַׁמְּרָהּ בְּקִרְבִּי.
כָּל־זְמַן שֶׁהַנְּשָׁמָה בְקִרְבִּי, מוֹדֶה אֲנִי לְפָנֶיךָ, יְיָ אֱלֹהַי
וֵאלֹהֵי אֲבוֹתַי, רִבּוֹן כָּל־הַמַּעֲשִׂים, אֲדוֹן כָּל־
הַנְּשָׁמוֹת.
בָּרוּךְ אַתָּה, יְיָ, אֲשֶׁר בְּיָדוֹ נֶפֶשׁ כָּל־חָי, וְרוּחַ
כָּל־בְּשַׂר־אִישׁ.

בָּרוּךְ אַתָּה יְיָ

In Hebrew, vowels are written above, below, before, or after the consonant. The first vowel, found under the בּ, is

＿＿＿＿＿
ָ   Kamatz

which has the sound of "ah" as in Shabbat.

Hebrew is read in an orderly manner:
consonant, vowel, consonant, vowel, consonant, vowel, etc.

When you combine the consonant בּ and the vowel ָ , the resulting sound is בָּ ("bah").

Read this line: בָּ   בָּ   בָּ   בָּ

בָּרוּךְ אַתָּה יְיָ

ר Reish

has the sound of “R” as in **R**osh Hashanah.

Read these sounds:

1. רָ בָּ רָ בָּ רָ

2. רָ בָּ רָבָּ בָּרָ בָּר רָ בָּ

3. רָבּ בָּר בָּרָ רָבָּ רָר רָבָּר בָּרָר

4. בָּבָּ רָרָ בָּבָּרָ רָ בָּ בָּר רָבָּבָּר

בָּרוּךְ אַתָּה יְיָ

וּ

Shuruk

is a vowel which has the sound of “oo” or “u” as in Shav**u**ot.

1. בּוּ רוּ רוּ בּוּ בּוּ
2. בּוּר רָבָּ בָּרוּ רוּבּוּ בָּרָ
3. רָבּוּ רָבּוּר בָּבּוּר רוּר בָּרוּר
4. וּרָבּוּ בָּרוּ בָּרוּר בָּבּוּר וּרָבּוּר
5. בּוּר בּוּרוּ וּרָבּוּר רָבּוּ בּוּרוּ

בָּרוּךְ אַתָּה יְיָ

ְ — Sheva

is a vowel which is pronounced faintly, the smallest sound you can make. It sounds like “i” as in Shema.

1. בְּ רְ בְּ בְּרוּ רְבּוּ בְּרוּר

The Sheva is also read as a stop or pause, having no sound at all when placed at the end of a syllable.

בָּרְ = בָּר

2. בָּרְ בָּרְבָּר בָּרְבּוּר בָּרְבּוּ

3. בָּרְבָּר בָּרְבּוּר בְּבָּרְבָּר בְּבָּרְבּוּר

Read these three lines:

4. רְבָּר רְבּוּר בָּרוּר בָּרְבּוּר רוּבָּר רוּבָּב

5. בָּרְבָּרְ בְּרוּךָ וּרְבּוּ רָבְּ בָּר בָּרְ

6. בְּ רְ בּוּךְ רוּר בָּרוּ בְּרוּ

בָּרוּךְ אַתָּה יְיָ

Final Chaf
(appears only at the end of a word)

ך כ

Chaf

have the guttural sound of "Ch" as in **Ch**anukah.
This sound is made deep in your throat.

1. כָ כָ כוּ כוּ כָ
2. בָּךְ רָךְ כָךְ בְּךְ רָךְ
3. בְּכָךְ רוּךְ בּוּךְ רוּר רוּךְ
4. בְּכוּר בָּכוּר רָבּוּךְ רוּבָּךְ רְבּוּךְ
5. בָּרוּר בּוּרְךְ בָּרְכוּ רָכְבּוּ בָּכְרָךְ
6. בָּרָךְ בְּרָךְ בָּרְכוּ בְּבוּרְךְ בְּךְ

בָּרוּךְ means blessed.

We bless God for those events and
experiences that make our lives special.

בָּרוּךְ אַתָּה יְיָ

א

Alef

is a silent letter. It takes the sound of its vowel.

1. אָ   אוּ   בָּא   רָא   בְּאוּ
2. אָךְ   אָר   רָא   אָבָא   בָּא
3. בּוּר   אוּר   בָּאוּ   אָרוּר   בְּאוּר
4. בָּאוּר   אָרְבּוּ   בָּרָא   רָאוּךְ   בָּרְכוּ
5. אָרוּךְ   אָרוּךְ   אָבְךְ   אָבָא   בָּרָא
6. בְּאָ   בְּאוּ   בְּאוּרָא   בָּאוּר   אָרוּבָא

בָּרוּךְ אַתָּה יְיָ

Patach

ַ

is a vowel which, like the ָ , also has the sound of "ah" as in Sh**a**bb**a**t.

1. רַ בַּ כַ אַ אוּ
2. אַךְ בַּר בַּךְ כַר רַךְ
3. בְּךָ בַּרָא אָרַכָא בַּרְךְ
4. רוּךְ רַבְּךְ רְבַּךְ אַרְבָּא
5. אַרוּךְ בָּכַר אַרְבּוּ בַּרוּ וּרַכוּ
6. אָרַךְ בְּאָרַךְ רָאוּ אַרְאַךְ

בָּרוּךְ אַתָּה יְיָ

ת or תּ Tav

has the sound of "T" as in Torah.

1. תָ תַּ תְ תַ תּוּ תָ תְּ
2. תּוּ תּוּר בַּת תּוּת רוּת
3. תָּבּוּר רוּבַּת בְּתּוּר בְּאוּר אַתְּ
4. בָּכַּר תָּבַּךְ תּוּרְךָ תַּרְבּוּר
5. תָּבַּת בָּתְּרָא אַרְבַּת תְּרָאוּ תַּת
6. תְּרָכוּ תּוּרָא אָתּוּר אַבָּאוּ תְּכָרוּ

בָּרוּךְ אַתָּה יְיָ

ה

Hei

has the sound of “H” as in Haggadah.

(Like the “h,” ה has no sound at the end of a word.)

1. הָ הַ הוּ הַ הָהוּ
2. הָר הַרָה בָּה בַּת בַּה
3. רַבָּה בְּהָר תּוּר תּוּרָה הָבָּא
4. אָבָּה הָרָה בְּכָה רָכַה בּוּרָה
5. תָּהוּר תּוּרְךְ הַבָּכָה בְּכוּרָה בָּאָה
6. הָבָּאָה בְּרָכָה הַבְּרָכָה בָּהָרָה

אַתָּה means You.

בָּרוּךְ אַתָּה יְיָ

י

Yod

has the sound of “Y” as in Yom Kippur.

1. יָ יַ יְ יַ יוּ
2. יַךְ יָךְ יַר יָה יָבָּ
3. יָאָה יְרָךְ יָכַר יוּכָר
4. יָרָה יָבּוּ יַרְבּוּ יַרְכוּ

יַ

When י *follows* a vowel, it intensifies the sound of the vowel and is treated like part of the vowel. For example, ַי is pronounced like the “ay” in the Hebrew salute to life, Lechayim.

5. בַּי אַי תַּי רַי רַבַּי
6. בָּרַי בָּכַי רְבַּי בּוּרַי

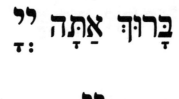

בָּרוּךְ אַתָּה יְיָ

יְיָ

יְיָ is a combination of Hebrew consonants and vowels that is not pronounced as printed. It is a symbol or abbreviation for God's name, which is pronounced Adonai (ah-doe-n-eye).

יהוה also serves the same function and is also pronounced Adonai when read.

בָּרוּךְ אַתָּה יְיָ

Blessed are You, Adonai

REVIEW

1. בָּרַי רַבַּי יְרָכַי בְּכּוּרַי אָבַּי אַי

2. הַי יָה הַיָה הַי יוּ הָיוּ

3. בָּרָךְ הַר הָר הָרְ בְּךְ הָרְבְּךְ

4. יָבַּךְ רַבְּךְ יָרוּךְ אָרוּכָה יָבּוּךְ

5. אַתָּה בָּרוּךְ יְיָ הַיָה יְרוּךְ

6. בָּהַי בְּהָרַי אַרְבְּךְ תַּרְ תַּרְבּוּת

7. רְ בְּ כּוּ רְבְּכוּ רָכוּת

8. יַר בְּ כָה יַרְבְּכָה יָרְבְּךְ

9. אָתָּרָה אַתָּרַי אוּרַי בְּאוּר תּוּרְךְ

בָּרוּךְ אַתָּה יְיָ אֱלֹהֵינוּ מֶלֶךְ הָעוֹלָם

ֶ Segol

is a vowel which has the sound of "Eh" as in Etrog.

1. בֶּ רֶ הֶ יֶ תֶּ כֶ

2. רֶבּ בֶּת אֶרֶךְ תֶּת בֶּךְ

3. רֶכֶת תֶּכֶת תֶּרֶת בֶּרֶת

4. הַרֶכֶת אַרְבֶּה אַרְבָּה הַרְבֶּה

5. יַרְבֶּה אָרְכֶה אָרֶכֶת תָּבָּכֶת

6. הָרֶכֶת בָּרְכוּ בֶּרֶךְ בַּרְךְ

Note: ֱ = ֶ (Chataf Segol sounds like the Segol)

בֱּ=בֶּ

בָּרוּךְ אַתָּה יְיָ אֱלֹהֵינוּ מֶלֶךְ הָעוֹלָם

ל

Lamed

has the sound of “L” as in Lulav.

1. לֶ לָ לַ לְ לוּ אֱ
2. תַּל תּוּל לוּךְ לוּל לַבַּת
3. תָּלוּ בָּבּוּל לְרַבָּה אַרְבֶּל אֶל
4. לֶכֶת בֶּרֶל תּוֹרַת בָּרְכוּ
5. הָלֶכֶת הַלָּכָה הָלַךְ הַלָּךְ לְלֶכֶת
6. בּוֹלָךְ בְּהַר תַּרְבּוּת בָּרוּךְ אַתָּה
7. תַּלֵךְ בַּלֶּכֶת תֶּלְכוּ בְּלַכַּת לְאַלְתַּר

בָּרוּךְ אַתָּה יְיָ אֱלֹהֵינוּ מֶלֶךְ הָעוֹלָם

Cholam וֹ or •

has the sound of “oh” as in Afikoman.

1. בּוֹ אוֹ תּוֹ הוֹ הוּ אוּ
2. בֹּ אֹ לֹ תֹּ הֹ לוֹ לוּ
3. רוֹל תּוֹר בֹּר בּוֹא רוּת
4. אוֹר אֹר בְּכוֹר בּוֹרַת תּוֹרָה
5. תּוֹרוֹת אֹרוֹת יוּבַּל בּוּבּוֹת אֶלוּל
6. יֹרְבּוֹת הוֹרָאוֹת יַלְתּוּת אֹרְלוֹת אֶלָה
7. בְּכֹרוֹת בְּכוֹרֹת לוֹת בּוּל רוֹאֶה
8. אַרוּךְ אָרוּכָה לָאַרוּךְ אֶרְבּוּל בֶּרֶךְ

בָּרוּךְ אַתָּה יְיָ אֱלֹהֵינוּ מֶלֶךְ הָעוֹלָם

י

Tzeirei ֵ or ֵי

has the sound of "ay" as in Al**ei**nu.

1. בֵּ אֵ הֵ תֵ יֵ
2. רֵי כֵי הֵי לֵי בֵּי
3. תֵת בֵּית בֵּיתוֹ לֵילוֹת לֵךְ
4. לֵאָה בּוֹרֵר יוֹאֵל תְּכֵלָה
5. יַרְבֶּה רַכֵל הָלוֹךְ תֵּלֵךְ לֵךְ
6. אֹהֶל בְּאֹהֶל לְאֹהֶל אוֹהֶלֶת
7. בֵּיתָה בַּיתָה בְּלֹא אוֹרֵךְ אֲרֵךְ

בָּרוּךְ אַתָּה יְיָ אֱלֹהֵינוּ מֶלֶךְ הָעוֹלָם

Final Nun **ן** **נ** Nun

have the sound of "N" as in Noah.

1. נֹ נָ נֵ נֶ נוּ נוֹ נוּן
2. בֶּן בֵּין לוּן הוֹן נֹא נוּן
3. בָּרוֹן נוֹתֵן רְנָנָה נוֹתֶנֶת אֱלֹהַי
4. בַּנָנָה הַבְּנַנוֹת לְהַכֵן לְתַכְנֵן לְהַלָן
5. הַבָּרוֹן תְּכֹנֶן בַּתֹּרֶן לָכֵן לָהֶן
6. אֶל אֱל לֹ לוֹ הֵי הֵין נוּ

אֱלֹהֵינוּ means our God.

בָּרוּךְ אַתָּה יְיָ אֱלֹהֵינוּ מֶלֶךְ הָעוֹלָם

Final Mem **ם** **מ** Mem

have the sound of “M” as in **M**itzvah.

1. מַ מֵ מֶ מְ מַי מֵי מוֹ מוּ
2. מֶם מֵם בָּם לֵם רֶם מוּ מוּם
3. מוּתַר מָרַת תֵּמַן הֵימַן לְמַאֵן
4. לַמוּם בַּמֶּה רוּבָּם יוֹרָם בֵּירוּת
5. נֵלֵךְ נֵלְכָה הַלוֹם תֶּלֶם לָכֶם
6. מְלָאכָה מְלָאָה תֶּרֶם תְּרוּמָה נֶאֱמָן
7. הַרְמוֹן בַּהַי רַבֹּתַי רַמְבָּן הֲנָאָה

מֶלֶךְ means king or ruler.

בָּרוּךְ אַתָּה יְיָ אֱלֹהֵינוּ מֶלֶךְ הָעוֹלָם

ע

Ayin

like א is a silent letter.

1. עָ עַ עֵ עֶ עוֹ עַי עֵי עֱ
2. עָל עֹל רַע עֹר בֶּע עָם
3. עָלָה עֹלֶה עוֹלָה עוֹר נֶעֱלַם
4. עָרַם מֵעֹר רֹעֶה עוֹלָם עֱנוּת
5. אֱלוּל עַכְבָּר מוֹרֶה מוֹרָה עָלוּ
6. נָעֳמָה עָנָן נֹעַם לְמַעַן לְמַעַנְךָ

הָעוֹלָם means the world or universe.

בָּרוּךְ אַתָּה יְיָ אֱלֹהֵינוּ מֶלֶךְ הָעוֹלָם

Blessed are You, Adonai our God, Ruler of the universe. . .
(These words begin most blessings.)

REVIEW

1. הוּ יוֹ לֹ עוֹל תֶּלֶם רֹתֶם עוֹמֵר

2. בְּךְ בָּךְ עוֹרְךְ אֹרֵךְ הֶעָם אֲמֵן

3. נֹעַם נְאוּם אֱלֹהֵיכֶם עָלַי עוֹלָם

4. אַרְבַּע אַרְבָּעָה עָלֵינוּ עֲלֵיכֶן עוֹלֶה

5. מְלָאכָה בַּמֶּה רוֹמְמוּ הוֹלֵךְ הוֹלֶכֶת

6. תַּי וּמְתַי בּוֹכֶה אוֹתָם אוֹתְכֶם

7. אוֹתָנוּ וּמוֹרָה הֲרָן יוֹרָם אַי יְיָ

8. נֵלֶךְ תּוֹרָה וּמַתָּן מַתָּנָה אֲלֵיכֶן

9. נָתַן לָנוּ אֶת תּוֹרָתוֹ אֱמֶת

10. בָּרוּךְ אַתָּה יְיָ אֱלֹהֵינוּ מֶלֶךְ הָעוֹלָם

בָּרוּךְ אַתָּה יְיָ אֱלֹהֵינוּ מֶלֶךְ הָעוֹלָם
בּוֹרֵא פְּרִי הַגָּפֶן

פּ

Pei

has the sound of “P” as in Pesach.

1. פָּ פַּ פּוֹ פּוּ פֵּי פַּי פֹּ פְּ
2. פֶּן בֶּן פַּת פַּר פָּךְ פֵּין
3. פָּרוּ מַפָּה וּמַפָּה פּוּר פָּרַת
4. אַבָּא פַּרְעֹה פַּעַם מַפָּם לְפַרָן
5. פּוֹעֵל פּוּעָל פֹּעַל אָמֵן פָּרוֹכֶת
6. פָּרָה פֵּרוֹת בְּרוּרָה בְּרֵירָה פָּנַי
7. לְעָם מַפְתֵּךְ מַפֵּכָה הָאָרֹכָה פַּרְפֶּרֶת

בָּרוּךְ אַתָּה יְיָ אֱלֹהֵינוּ מֶלֶךְ הָעוֹלָם
בּוֹרֵא פְּרִי הַגָּפֶן

ִי

ִ or ִ Chirik

is a vowel which has the sound of “ee” as in Elohim.

1. לִ לִי פִּ רִ מִי בִּי הִ אִי

2. עִם עִמִּי אוּרִי אֵלִי לִבִּי

3. בַּיִ יִת בַּיִת בֵּית אַי יִל אַיִל

4. עִיתוֹן רִמוֹן רַבִּים בְּכוֹרִים הוֹרִים

5. אֵילִים עֹלָמִים רֹעִים פְּעָלִים רִימוֹן

6. מַיִם בַּמַּיִם אַרְבָּעִים מִלוּאִים לִימוֹן

7. לְאוּמִי עוֹלִים אֹרְכִים פְּרָכִים פּוּרִים

פְּרִי means fruit.

בָּרוּךְ אַתָּה יְיָ אֱלֹהֵינוּ מֶלֶךְ הָעוֹלָם
בּוֹרֵא פְּרִי הַגָּפֶן

ג

Gimel

has the sound of “g” as in Ha**gg**adah.

1. גִ גִי גַ גָ גֵ גוּ גוֹ
2. גָן גַר גֹר גַם גֵרְךְ גַנֵךְ הַגָן
3. עוּגָה עֹגֵן גָרוּ פְּלוֹנִי גוֹנֵן
4. פְּלוּגָה פֶּלֶג הַגָרִים הַגָמָל גֵרוּת
5. גֵרְךְ גִנָה גֵאֶה גָלוּת בָּרָא
6. גָאַל תֵימַן בּוֹכִים הוֹרֵג בּוֹנִים
7. גָאוֹן גוֹמֵל גְמָלִים מָגֵן לִגְמֹר

בָּרוּךְ אַתָּה יְיָ אֱלֹהֵינוּ מֶלֶךְ הָעוֹלָם
בּוֹרֵא פְּרִי הַגָּפֶן

Fei **פ**

Final Fei **ף**

have the sound of "f" as in Afikoman.

1. פֶ פֵ פֹ פוּ פְ פוֹ פַי פִי

2. נֹף אַף עֹף גוּף תֹף אַגָף רוֹפֶף

3. רֶפֶת הֶרֶף עוֹפֵף מְפוֹאַר לְפַרְעֹה

4. נָפַל נִפְלוּ גַפְרוּר הַלָף פְלוּגִים פָנִים

5. פַנַיִךְ לְפָנַי אֶגְרוֹף תּוּרְךְ פְעָמִים נִפְעַל

6. הִפְעַל לְרוֹפֵף רוֹפֶא מִרְפָאָה רְפוּאָה

7. אָלֶף אָלוּף הַנוֹף אַרוֹךְ נוֹפֵף בְאַף

הַגָּפֶן means the vine.

Kol Hakavod! Congratulations!

You have just learned your first blessing:
the Kiddush or the blessing over the wine.

בָּרוּךְ אַתָּה יְיָ אֱלֹהֵינוּ

Blessed are You, Adonai our God,

מֶלֶךְ הָעוֹלָם

Ruler of the universe,

בּוֹרֵא פְּרִי הַגָּפֶן

Creator of the fruit of the vine.

Raise your cup, recite the blessing,

בָּרוּךְ אַתָּה יְיָ אֱלֹהֵינוּ מֶלֶךְ הָעוֹלָם
בּוֹרֵא פְּרִי הַגָּפֶן

and drink

Lechayim

to life!

Blessing 2: The Blessing over the Bread

בָּרוּךְ אַתָּה יְיָ אֱלֹהֵינוּ מֶלֶךְ הָעוֹלָם
הַמּוֹצִיא לֶחֶם מִן הָאָרֶץ

Final Tzadei **ץ** **צ** Tzadei

have the sound of “Ts” as in Tsedakah.

1. צָ צַ צֵ צֶ צֵי צִי צַי צוֹ צוּ
2. עֵץ עַץ רָץ רוּץ בּוֹץ תָּרוּץ
3. צֹם צָמֵא צֹר צוּרָה עֵץ עָף עֹף
4. בְּעֶצֶם פּוֹצֵץ לִפְרוֹץ לְפָרֵץ בְּצוֹם
5. רוֹצֶה צֹאן לַעֵץ עַצָמוֹת עַצְמָאוּת

הַמּוֹצִיא means who brings forth.

בָּרוּךְ אַתָּה יְיָ אֱלֹהֵינוּ מֶלֶךְ הָעוֹלָם
הַמּוֹצִיא לֶחֶם מִן הָאָרֶץ

ח

Chet

has the same guttaral sound as כ.
It sounds like "Ch" as in **Ch**alah.

1. חֹ חֵי חָ חַי חֶ חִ חוֹ חִי חֱ הֱ
2. רַח נָח חֹם חָם הֶם חוּץ חוֹל הֹל
3. חַרַן חֹף חֵץ חוֹץ רָחַץ חָלוּץ
4. חָלוּצִים בְּרָצוֹן חָצִיל חָצִיף חָתִיךְ
5. רַחֵל רַחַמִים רֶחֶם חָתַף חַתֵּפָה
6. חַלִיצָה צַלַחַת צֹהֶלֶת חַי יִם חַיִּים
7. חַלוֹם תֶּכֶף הָעֶגֶל גִלְךְ תַּחַנָה הַתִּפַּח

לֶחֶם means bread.

חַ

When a Patach appears under a Chet at the end of a word, it is pronounced אַח instead of חַ.

1. רֵחַ רֵיחַ לוּחַ יָרֵחַ פּוֹתֵחַ רוּחַ
2. רוֹצֵחַ תִּרְצַח רְצוּחַ בְּתוֹךְ לַחַץ
3. מֹנחַ מְנוֹאַח מְנוּךְ מְנוּחָה צְנוּחַ
4. תַּפּוּחַ פּוֹתֵחַ מֵבִיחַ צוֹמֵחַ לְהוֹכִיחַ
5. מֹחַ לְהִתְ פַּתֵּחַ לְהִתְפַּתֵּחַ פְּתוּחָה

בָּרוּךְ אַתָּה יְיָ אֱלֹהֵינוּ מֶלֶךְ הָעוֹלָם
הַמּוֹצִיא לֶחֶם מִן הָאָרֶץ

Blessed are You, Adonai our God, Ruler of the universe,
who brings forth bread from the earth.

REVIEW

1. אֶצְבַּע רַחֵץ תָּרוּץ פּוֹרֵץ לִפְרֹץ

2. נֹחַ הֵנִיחַ מִנְחָה חָצִיץ רוּחַ רוּחָה

3. לֶךְ לְךָ צֹן צוֹן צֹאן צֹם צָמֵא

4. יָפֶה יֶפֶת יַפְתְּ יָאֶה יָגִיעַ

5. גָמַרְתִּי גָמַרְתָּ גָמַרְתְּ גְמַרְתֶּן גָמְרוּ

6. נִפְעַל הִפְעִיל הִתְפַּעֵל פּוּעַל הוּפְעַל

7. חַי חַיִים בַּיִת בֵּית אַיִל

8. בּוֹכֶה חוֹכֶה בַּעָה חַיָלִים

9. מֶלֶךְ צוּרְךְ רוֹצֵחַ רַחַמִים יְנַחֵם

10. אָמַרְתְּ פִּלְפֵּל מְלָכִים לֶחֶם

Blessing 3: The Blessing for Kindling the Sabbath Lights

בָּרוּךְ אַתָּה יְיָ אֱלֹהֵינוּ מֶלֶךְ הָעוֹלָם
אֲשֶׁר קִדְּשָׁנוּ בְּמִצְוֹתָיו וְצִוָּנוּ

שׁ

Shin

has the sound of “Sh” as in **Sh**abbat.

1. שְׁ שִׁ שֶׁ שֵׁ שֵׁי שִׁי שׁוּ שׁוֹ
2. שָׁר שֵׁם שִׁין שׁוּם שַׁץ שֶׁלֶךְ שׁוּף
3. שִׁיר שָׁרִים שַׁלֵם לָשׁוֹן שָׁנָה שֹׁרֶשׁ
4. שָׁלוֹם שְׁלֵימִים שְׁכֶם שִׁבּוּר בּוּשָׁה
5. מִתְבַּיֵּשׁ מִתְרָחֵץ מִתְבַּיֶּשֶׁת רָשָׁע מֹשֶׁה

Note: ֲ = ַ (Chataf Patach sounds like the Patach)

אֲשֶׁר means that or who.

בָּרוּךְ אַתָּה יְיָ אֱלֹהֵינוּ מֶלֶךְ הָעוֹלָם
אֲשֶׁר קִדְּשָׁנוּ בְּמִצְוֹתָיו וְצִוָּנוּ

ק

Kof

has the sound of “K” as in **K**iddush.

1. קָ קַ קֶ קוּ קוֹ קִי קַי קִ קִי
2. קַר קֹר קַשׁ קָם קוֹץ קוּף תַּקֵן
3. לְתַקֵן תַּקָנָה תִּקוּן יָקוּם יָפֶה קוֹשִׁי
4. קַי יָם קַיָם קֶשֶׁת בֹּקֶר רָחוֹק
5. קֶרֶן מָכוֹן מְכוֹנִית קַיֶמֶת שׁוֹשׁ שׁוֹשַׁנָה
6. פּוֹרֵץ צָפוֹן נֶגְבָּה צַלַחַת לֶקַח יִצְחָק
7. לִקְרַאת לִפְרוֹץ קוֹנִים לִקְנוֹת תָּקוּמִי

The dot to the right of the שׁ can do “double duty” and serve as a cholam if there is no other vowel, so that מֹשֶׁה = Mosheh.

בָּרוּךְ אַתָּה יְיָ אֱלֹהֵינוּ מֶלֶךְ הָעוֹלָם
אֲשֶׁר קִדְשָׁנוּ בְּמִצְוֹתָיו וְצִוָּנוּ

ד

Dalet

has the sound of "D" as in **D**avid.

1. דִ דֵ דְ דָ דַ דֹ דוּ דֵ דֶ

2. דַן דָל לֹד דֶשֶׁא דֹר דַקָה דַף

3. דְרַשׁ לַדְרֹשׁ לְדֹר חֶדֶר חֲדָרִים דֶגֶל

4. צֶדֶק תִּרְדֹף צַדִיק צְדָקָה לְהַצִיץ אֲשֶׁר

5. עוֹד דַרְשָׁן גָדוֹל גְדוֹלִים דַגֵשׁ אֲגָדָה

6. מִדְרָשׁ אֱנוֹשׁ דָרוֹם קֶדֶם קָדִימָה

7. דַרְגָן גַמָד בְּגָדִים קְדוּשָׁה מִקְדָשׁ

קִדְשָׁנוּ means made us holy or sanctified us.

בָּרוּךְ אַתָּה יְיָ אֱלֹהֵינוּ מֶלֶךְ הָעוֹלָם
אֲשֶׁר קִדְּשָׁנוּ בְּמִצְוֹתָיו וְצִוָּנוּ

ו

Vav

has the sound of "v" as in Mitzvah.

1. וָ וַ וֵ וֶ וִ וְ וֹ וֵי

2. וָו וּ וֹו צָו צִוָה הוֹוֶה

3. וְקָם וַתֶן וְהַדַג וְהַתוּר וַעַד

4. רַוָה רֶוַח רוֹוֵחַ וְאִילוּ

5. וְלַחַץ וַתִתֶן וְהוֹצִיא וִילוֹן

6. וִיתֵר וְכוּלֵי וַתְרָנִי וְהַהוֹוֶה

7. וַדָאוּת וָדֹר וּפְרוֹץ

commandment מִצְוָה

commandments מִצְוֹת

The plural of מִצְוָה presents a minor reading problem. It is written מִצְוֹת. Based on the consonant-vowel-consonant pattern described on page 2 of this text, the vowel (ו) must first be read as a consonant and then as the vowel cholam (וֹ). Thus, we read מִצְוֹת as if it were written מִצְווֹת.

And commanded us = וְצִוָּנוּ

By Your (God's) commandments = בְּמִצְוֹתָיו

Note: תָיו = תָו

בָּרוּךְ אַתָּה יְיָ אֱלֹהֵינוּ מֶלֶךְ הָעוֹלָם אֲשֶׁר
קִדְּשָׁנוּ בְּמִצְוֹתָיו וְצִוָּנוּ לְהַדְלִיק נֵר שֶׁל שַׁבָּת

New Words:

to kindle or light	לְהַדְלִיק
candle	נֵר
of	שֶׁל
Sabbath	שַׁבָּת

בָּרוּךְ אַתָּה יְיָ אֱלֹהֵינוּ מֶלֶךְ הָעוֹלָם אֲשֶׁר קִדְּשָׁנוּ בְּמִצְוֹתָיו וְצִוָּנוּ לְהַדְלִיק נֵר שֶׁל שַׁבָּת

Blessed is Adonai our God, Ruler of the universe, by whose mitzvot we are hallowed, who commands us to kindle the lights of Shabbat.

Write the meaning of each word in the space provided:

בָּרוּךְ ______________________________

אַתָּה ______________________________

יְיָ or יְהוָֹה ______________________________

אֱלֹהֵינוּ ______________________________

מֶלֶךְ ______________________________

הָעוֹלָם ______________________________

אֲשֶׁר ______________________________

קִדְּשָׁנוּ ______________________________

בְּמִצְוֹתָיו ______________________________

וְצִוָּנוּ ______________________________

לְהַדְלִיק ______________________________

נֵר ______________________________

שֶׁל ______________________________

שַׁבָּת ______________________________

REVIEW

1. מִיץ בְּמִץ ווֹת בְּמִצְוֹת תָו

2. תָיו בְּמִצְוֹתָיו וְצִוָּנוּ לְהַדְלִיק קַו

3. לוּחַ לוּחוֹת קָרַח קָדֶם

4. צָרוּת צְרִיחַ צְרִיכָה צְרִיף צֹרֶךְ מֹשֶׁה

5. מַקִיף קוּף שֶׁלְךָ לְתַקֵן תִקוּן תָרַף

6. קֹדֶשׁ שֶׁדִבֵּר דֶגֶל רוֹדֶף צֶדֶק תִרְדוֹף

7. דָגָן דוֹדִי דֹדֵיךְ דוֹדַיִךְ דֹרֵינוּ דַקָה

8. צְרִיף שְׂרִיקָה שָׂרָךְ שֶׁרֶץ שְׁתַיִם

9. יִשְׁתַע יְשַׁרְתָ יִשְׁתוֹק יִרְקֹד רִיקוּד

10. שְׁמַע אֶחַד יְיָ יְהֹוָה יִהְיֶה שָׁדַי

Blessing 4: The Blessing for Kindling the Festival Lights

בָּרוּךְ אַתָּה יְיָ אֱלֹהֵינוּ מֶלֶךְ הָעוֹלָם אֲשֶׁר קִדְּשָׁנוּ בְּמִצְוֹתָיו וְצִוָּנוּ לְהַדְלִיק נֵר שֶׁל יוֹם טוֹב

ט Tet

ט like ת has the sound of "T" as in Torah.

1. טָ טַ טֵ טֶ טִ טְ טֹ
2. טוֹ טֵי טַי מִטָּה טוּר חֵית
3. טָעַם טָהַר טַבּוּר טַבָּח טָמֵא טָרַף
4. בְּטֶרֶם טֵרוּף טִלְטוּל לְטַלְטֵל לְטַלְפֵן
5. רָטוּף פַּטָר עָנַק מַתָנָה חֹטֶם
6. תִּנֹקֶת רָחוֹק שׁוּטַף טַלְיָה מַטְבֵּעַ

בָּרוּךְ אַתָּה יְיָ אֱלֹהֵינוּ מֶלֶךְ הָעוֹלָם אֲשֶׁר קִדְּשָׁנוּ בְּמִצְוֹתָיו וְצִוָּנוּ לְהַדְלִיק נֵר שֶׁל יוֹם טוֹב

ב

Vet

has the sound of the "v" in Havdalah.

1. בֹ בְ בִ בֶ בֵ בֵי בַי בוֹ
2. לֵב לֵבָב רָב חָלָב הַלֵב נַדָב דוֹב
3. קֶבֶר בֹּקֶר שַׁחַר שָׁוֶה שָׁקוּל
4. רוֹבֶה בּוֹרֵא שׁוּבָה שׁוֹבְבוּת מִטְבָּח
5. בַּדָבָר מִבְרָק הַבְרָקָה עִרְבֵּב רָכַב
6. לְהַבְדִּיל הַבְדָלָה הֶבְדֵל שָׁבוּעַ טוֹב

Note: The bet (בּ) *always* has the sound of "**B.**"

Translation: Blessed are You, Adonai our God,
Ruler of the universe who sanctifies us with Your mitzvot,
and commands us to kindle the festival lights.

REVIEW

1. בּוֹץ רְטִיבוּת מִצְפֶּה לִנְשׁוֹם

2. נֶפֶשׁ הִבְהוּב שָׁכַב טוֹרֵף טְרֵפָה

3. חֶבְרָה חֲבֵרוּת דְּבָרִים בֹּצֶץ גְּנֵבָה

4. טִפְטוּף טַחֲנָה טִיּוּל טִיחַ טִיף

5. חֲטִיבָה לְחַיִּים חֵטְא חֲטוֹטֶרֶת

6. הֶחֱלִיט קֶשֶׁת חֲלוּצָה הֶחָלוּץ חִלּוּף

7. אֱלֹהֵי אַבְרָהָם יִצְחָק יַעֲקֹב וֵאלֹהֵי

8. וְאָהַבְתָּ לְבָבְךָ נַפְשְׁךָ מְאֹדֶךָ אָנֹכִי

9. מְצַוְּךָ בְּשִׁבְתְּךָ וּבְלֶכְתְּךָ וּבְשָׁכְבְּךָ

10. וּבְקוּמֶךָ לְטֹטָפוֹת אֱלֹהֵיכֶם אֱמֶת

Blessing 5: The Blessing for Kindling the Chanukah Lights

בָּרוּךְ אַתָּה יְיָ אֱלֹהֵינוּ מֶלֶךְ הָעוֹלָם אֲשֶׁר
קִדְּשָׁנוּ בְּמִצְוֹתָיו וְצִוָּנוּ לְהַדְלִיק נֵר
שֶׁל חֲנֻכָּה

Kubutz

ֻ

is a vowel which, like וּ, has the sound
of "oo" or "u" as in Shavuot.

1. לֻ חֻ עֻ הֻ נוּ מֻ צֻ טֻ בֻ קוּ דֻ
2. בֻּץ רֻץ גֻּף עוּף אוֹב שֻׁב טֻף
3. וְלֻן תֻּל פֻּעַל רֻךְ רוּחַ חֻפָּה
4. מָלוֹן חָתוּל צָרָה חֻקַּת שִׁירָה טֶבַע
5. שִׁטֻּף תִּרְדֹּף פִּצֻץ אֲבְקָה רְכֻלָה
6. לַחַץ מֻנַּח קֻבּוּץ שׁוּרוּק חִירִיק
7. מְכִירָה שָׁבַץ אָנֹכִי מְתֻיָּל טִיּוּלִים

בָּרוּךְ אַתָּה יְיָ אֱלֹהֵינוּ מֶלֶךְ הָעוֹלָם אֲשֶׁר קִדְּשָׁנוּ בְּמִצְוֹתָיו וְצִוָּנוּ לְהַדְלִיק נֵר שֶׁל חֲנֻכָּה

כּ

Kaf

like ק has the sound of “k” as in Chanukah.

1. כָּ כַּ כֵּ כֶּ כְּ כֱּ כֹּ כַּי
2. כֹּר כֵּן כַּד כֹּה כַּב כַּךְ כִּכָּר
3. בַּכֹּר בַּכָּר בַּחַר בְּהַר בַּתֹּר בָּתוֹר
4. בַּטּוּר בַּטֶּר כֶּלֶב הַכַּלָּה עָצוּב וֶרֶד
5. שִׁוָּה שִׁבָּא שִׁבְעָה מַעֲרָב גְּנֵבָה
6. כָּבֵד דִּבְרֵי כַּוָּנָה כִּיווּן מִתְכַּוֵּן כָּדוּר
7. כָּבַשׁ לְהִתְכּוֹנֵן כֹּחַ כּוֹאֵב כּוֹכָב

The blessing over the Chanukah candles:

בָּרוּךְ אַתָּה יְיָ אֱלֹהֵינוּ מֶלֶךְ הָעוֹלָם אֲשֶׁר
קִדְּשָׁנוּ בְּמִצְוֹתָיו וְצִוָּנוּ לְהַדְלִיק נֵר
שֶׁל חֲנֻכָּה

Match the Hebrew word to its English translation:

our God	אַתָּה
the world	מֶלֶךְ
made us holy	בְּמִצְוֹתָיו
and commanded us	נֵר
that, who	בָּרוּךְ
candle	אֲשֶׁר
Adonai	חֲנֻכָּה
Ruler or King	יְיָ
You	קִדְּשָׁנוּ
to light or kindle	לְהַדְלִיק
of	שֶׁל
Chanukah	אֱלֹהֵינוּ
blessed	הָעוֹלָם
by Your commandments	וְצִוָּנוּ

REVIEW

1. מְחַיֵּה הַכֹּל רַב לְהוֹשִׁיעַ מְכַלְכֵּל

2. בְּרַחֲמִים נוֹפְלִים וּמְקַיֵּם אֱמוּנָתוֹ

3. לִישֵׁנֵי עָפָר כָּמוֹכָה וּמַצְמִיחַ לְהַחֲיוֹת

4. חֲנֻכָּה כֻּפָּה חֻפָּתָם תַנוּחַ שֶׁרֶץ שֻׁטָּף

5. חֻמָּשׁ רֻטָּב פֻּעַל חֵלֶק חֻפְשָׁה

6. חֻקַּת כַּלּוּחַ כָּלִיף עַכְשָׁיו כִּמְעַט

7. חֵפֶץ הֲפֻךְ כּוֹכָבִים בְּמַלְכוּתְךָ

8. יִמְלֹךְ צִיּוֹן הַלְלוּיָהּ אַהֲבָה אֲהַבְתָּנוּ

9. חָמַלְתָּ חֶלְקֵנוּ בְּתוֹרָתֶךָ הָרַחֲמָן שֻׁתָּפוּת

10. כּוֹתֶל כָּחוּשׁ כָּשֵׁר כִּשּׁוּף כָּחוֹל

Blessing 6: The Second Blessing for Chanukah

בָּרוּךְ אַתָּה יְיָ אֱלֹהֵינוּ מֶלֶךְ הָעוֹלָם שֶׁעָשָׂה
נִסִּים לַאֲבוֹתֵינוּ בַּיָּמִים הָהֵם בַּזְּמַן הַזֶּה

שׂ

Sin

has the sound of “S” as in **S**arah.

1. שִׂ שֵׂ שֶׂ שַׂ שַׂי שֱׂ שְׂ שׂוּ שׂוֹ
2. שָׂר שָׂם שָׂם שַׂשׂ שָׂטָן שַׂרַי
3. שֹׂנֶה שׂנֶה שָׂמֵחַ שְׂמֵחָה שִׂמְחָה
4. שָׂרָה שְׂכֵנוּת מַשְׂכֹּרֶת שַׂדְכָן הִשְׂכִּיר
5. שָׂוָה שׂבֶה שִׂטּוּף שָׂעוֹן שָׂדֶה
6. כְּעָשׂוּ הֶחֱלִיט שֶׁעָשָׂה לַאֲבוֹתֵיכֶם שׂוֹרֵק

בָּרוּךְ אַתָּה יְיָ אֱלֹהֵינוּ מֶלֶךְ הָעוֹלָם שֶׁעָשָׂה
נִסִים לַאֲבוֹתֵינוּ בַּיָמִים הָהֵם בַּזְמַן הַזֶה

ס

Samech

like שׂ has the sound of "S" as in **S**ukah.

1. סַ סַי סוּ סֹ סוֹ סֵי סֶ סִי סְ
2. שַׂר סָר סִיר סַל נֵס פַּס דַשׁ
3. נִסִים שַׂס שָׂם פַּסִים טַיָס כּוֹעֶס
4. מָטוֹס סָמֶךְ שָׂמֵחַ סְכָךְ לְהִסְתַּכֵּל
5. הִסְכִּים סִיכָה סִלְסֵל סַנְדָק סוֹף שִׁין
6. סַפְסָל סֶרֶט הִסְפִּיק סִפְרִיָה סָעִיף
7. סֻלָם שָׁלוֹם שְׂכָר סֻכָּרִיוֹת סֻכּוֹת

בָּרוּךְ אַתָּה יְיָ אֱלֹהֵינוּ מֶלֶךְ הָעוֹלָם שֶׁעָשָׂה נִסִּים לַאֲבוֹתֵינוּ בַּיָּמִים הָהֵם בַּזְּמַן הַזֶּה

ז

Zayin

has the sound of "z" as in Mazal Tov.

1. זֱ זֹ זְ זִ זֶ זֵ זָ זַי זוּ זוֹ
2. זָר אָז אֹז זַן זֶה פַּז
3. חַזָן הַזֶה זֹאת זָהֹב זֶבָח זוּז
4. זְגוּג צִיוֹן זָקֵן זְקֵנָה זָרִיז מִזְרָח
5. זְרוֹעַ הִזְמִין הַזְהָרָה זְמִירוֹת זְמַן
6. בַּחוּץ בְּכוֹרִים בִּכּוּר בֹּקֶר בֹּעַז
7. זָרַק צָחַק רוֹצֶה רָזֶה זְכוּת

Blessed are You, Adonai our God, Ruler of the universe, who performed miracles for our ancestors in days of old at this season.

Blessing 7: The Shehecheyanu

You have completed your introduction to basic Hebrew reading.

Let's celebrate by reading the very special blessing that we say at all happy occasions, including festivals, as well as on the first night of חֲנֻכָּה : the Shehecheyanu.

בָּרוּךְ אַתָּה יְיָ אֱלֹהֵינוּ מֶלֶךְ הָעוֹלָם
שֶׁהֶחֱיָנוּ וְקִיְּמָנוּ וְהִגִּיעָנוּ לַזְּמַן הַזֶּה

Blessed are You, Adonai our God, Ruler of the universe for giving us life, for sustaining us, and for enabling us to reach this season.

אָמֵן

HELPFUL HINTS

In some cases you may find a dagesh (dot) in letters *other than* ת פ כ ב. With these exceptions, the dagesh is a matter of grammar and does not affect the pronunciation of letters.

In some limited cases a Kamatz (ָ) is pronounced "aw" as in the word "aught" rather than "ah." In this case the Kamatz is called a Kamatz Katan. (There is also a Chataf Kamatz ֳ which sounds like "aw" as well as "oh.") For instance, the Hebrew word for "all," כָּל, is pronounced "kol" not "kal."

וֹי sounds like "oy." וּי sounds like "oo-ee."

אֱלֹהֶיךָ = אֱלֹהֶיךְ The י is not pronounced after a ֶ .

If there is a dagesh (dot) in a Final Chaf, ךָּ, it is pronounced like a כ as in the word וִיחֻנֶּךָּ , "vichuneka."

If there is a dagesh (dot) in a ה at the end of a word, it is called a "mapik." In these cases, the "h" sound is pronounced.

ADDITIONAL BLESSINGS

Blessing 8: For the Study of Torah

בָּרוּךְ אַתָּה, יְיָ אֱלֹהֵינוּ, מֶלֶךְ הָעוֹלָם, אֲשֶׁר קִדְּשָׁנוּ בְּמִצְוֹתָיו וְצִוָּנוּ לַעֲסוֹק בְּדִבְרֵי תוֹרָה.

Blessed is Adonai our God, Ruler of the universe, by whose mitzvot we are hallowed, who commands us to engage in the study of Torah.

Blessing 9: Over Pastry

בָּרוּךְ אַתָּה, יְיָ אֱלֹהֵינוּ, מֶלֶךְ הָעוֹלָם, בּוֹרֵא מִינֵי מְזוֹנוֹת.

Blessed is Adonai our God, Ruler of the universe, Creator of many kinds of food.

Blessing 10: Over Fruits That Grow on Trees

בָּרוּךְ אַתָּה, יְיָ אֱלֹהֵינוּ, מֶלֶךְ הָעוֹלָם, בּוֹרֵא פְּרִי הָעֵץ.

Blessed is Adonai our God, Ruler of the universe, Creator of the fruit of the tree.

Blessing 11: Over Fruits and Vegetables That Grow in the Soil

בָּרוּךְ אַתָּה, יְיָ אֱלֹהֵינוּ, מֶלֶךְ הָעוֹלָם, בּוֹרֵא פְּרִי הָאֲדָמָה.

Blessed is Adonai our God, Ruler of the universe, Creator of the fruit of the earth.

Blessing 12: Over Food Other Than Bread, Fruits, or Vegetables, and over Liquids Other Than Wine

בָּרוּךְ אַתָּה, יְיָ אֱלֹהֵינוּ, מֶלֶךְ הָעוֹלָם, שֶׁהַכֹּל נִהְיָה בִּדְבָרוֹ.

Blessed is Adonai our God, Ruler of the universe, by whose word all things come into being.

Blessing 13: On Seeing Lightning or Other Natural Wonders

בָּרוּךְ אַתָּה, יְיָ אֱלֹהֵינוּ, מֶלֶךְ הָעוֹלָם, עֹשֶׂה מַעֲשֵׂה בְרֵאשִׁית.

Blessed is Adonai our God, Ruler of the universe,the Source of creative power.

Blessing 14: On Hearing Thunder

בָּרוּךְ אַתָּה, יְיָ אֱלֹהֵינוּ, מֶלֶךְ הָעוֹלָם, שֶׁכֹּחוֹ וּגְבוּרָתוֹ מָלֵא עוֹלָם.

Blessed is Adonai our God, Ruler of the universe, whose power and might pervade the world.

Blessing 15: On Seeing the Ocean

בָּרוּךְ אַתָּה, יְיָ אֱלֹהֵינוּ, מֶלֶךְ הָעוֹלָם, שֶׁעָשָׂה אֶת הַיָּם הַגָּדוֹל.

Blessed is Adonai our God, Ruler of the universe,Maker of the great sea.

Blessing 16: On Seeing the Beauties of Nature

בָּרוּךְ אַתָּה, יְיָ אֱלֹהֵינוּ, מֶלֶךְ הָעוֹלָם, שֶׁכָּכָה לּוֹ בְּעוֹלָמוֹ.

Blessed is Adonai our God, Ruler of the universe, whose world is filled with beauty.

Blessing 17: On Seeing a Rainbow

בָּרוּךְ אַתָּה, יְיָ אֱלֹהֵינוּ, מֶלֶךְ הָעוֹלָם, זוֹכֵר הַבְּרִית וְנֶאֱמָן בִּבְרִיתוֹ וְקַיָּם בְּמַאֲמָרוֹ.

Adonai our God, Ruler of the universe, You are the Blessed One. You keep faith with us, and, true to Your word, You remember Your covenant with creation.

Blessing 18: On Seeing Trees in Blossom

בָּרוּךְ אַתָּה, יְיָ אֱלֹהֵינוּ, מֶלֶךְ הָעוֹלָם, שֶׁלֹּא חִסַּר בְּעוֹלָמוֹ דָּבָר, וּבָרָא בוֹ
בְּרִיּוֹת טוֹבוֹת וְאִילָנוֹת טוֹבִים לְהַנּוֹת בָּהֶם בְּנֵי אָדָם.

Adonai our God, Ruler of the universe, You are the Blessed One. Your world
lacks nothing needful; You have fashioned goodly creatures and lovely
trees that enchant the heart.

Blessing 19: On Hearing Good News

בָּרוּךְ אַתָּה, יְיָ אֱלֹהֵינוּ, מֶלֶךְ הָעוֹלָם, הַטּוֹב וְהַמֵּטִיב.

Blessed is Adonai our God, Ruler of the universe, the Good One, the
Source of good.

HAVDALAH BLESSINGS

Blessing 20: Over the Havdalah Wine

בָּרוּךְ אַתָּה, יְיָ אֱלֹהֵינוּ, מֶלֶךְ הָעוֹלָם, בּוֹרֵא פְּרִי הַגָּפֶן.

Blessed is Adonai our God, Ruler of the universe, Creator of the fruit of the
vine.

Blessing 21: Over the Spice Box

בָּרוּךְ אַתָּה, יְיָ אֱלֹהֵינוּ, מֶלֶךְ הָעוֹלָם, בּוֹרֵא מִינֵי בְשָׂמִים.

Blessed is Adonai our God, Ruler of the universe, Creator of all the spices.

HAVDALAH BLESSINGS

Blessing 22: Over the Havdalah Candle

בָּרוּךְ אַתָּה, יְיָ אֱלֹהֵינוּ, מֶלֶךְ הָעוֹלָם, בּוֹרֵא מְאוֹרֵי הָאֵשׁ.

Blessed is Adonai our God, Ruler of the universe, Creator of the light of fire.

Blessing 23: For Havdalah

בָּרוּךְ אַתָּה, יְיָ אֱלֹהֵינוּ, מֶלֶךְ הָעוֹלָם, הַמַּבְדִּיל בֵּין קֹדֶשׁ לְחוֹל, בֵּין אוֹר לְחֹשֶׁךְ, בֵּין יוֹם הַשְּׁבִיעִי לְשֵׁשֶׁת יְמֵי הַמַּעֲשֶׂה.

Blessed is Adonai our God, Ruler of the universe, who separates sacred from profane, light from darkness, the seventh day of rest from the six days of labor.

בָּרוּךְ אַתָּה, יְיָ, הַמַּבְדִּיל בֵּין קֹדֶשׁ לְחוֹל.

Blessed is Adonai who separates the sacred from the profane.

Blessing 24: Kiddush for Erev Shabbat

בָּרוּךְ אַתָּה, יְיָ אֱלֹהֵינוּ, מֶלֶךְ הָעוֹלָם, בּוֹרֵא פְּרִי הַגָּפֶן.
בָּרוּךְ אַתָּה, יְיָ אֱלֹהֵינוּ, מֶלֶךְ הָעוֹלָם, אֲשֶׁר קִדְּשָׁנוּ בְּמִצְוֹתָיו וְרָצָה בָנוּ, וְשַׁבַּת קָדְשׁוֹ בְּאַהֲבָה וּבְרָצוֹן הִנְחִילָנוּ, זִכָּרוֹן לְמַעֲשֵׂה בְרֵאשִׁית. כִּי הוּא יוֹם תְּחִלָּה לְמִקְרָאֵי קֹדֶשׁ, זֵכֶר לִיצִיאַת מִצְרָיִם.
כִּי־בָנוּ בָחַרְתָּ וְאוֹתָנוּ קִדַּשְׁתָּ מִכָּל־הָעַמִּים, וְשַׁבַּת קָדְשְׁךָ בְּאַהֲבָה וּבְרָצוֹן הִנְחַלְתָּנוּ. בָּרוּךְ אַתָּה, יְיָ, מְקַדֵּשׁ הַשַּׁבָּת.

Blessed is Adonai our God, Ruler of the universe, Creator of the fruit of the vine.
Blessed is Adonai our God, Ruler of the universe, who hallows us with mitzvot and takes delight in us. In love and favor God has made the holy Sabbath our heritage, as a reminder of the work of creation. It is first among our sacred days, and a remembrance of the Exodus from Egypt. O God, You have chosen us and set us apart from all the peoples, and in love and favor have given us the Sabbath day as a sacred inheritance.
Blessed is Adonai, for the Sabbath and its holiness.

TORAH BLESSINGS

Blessing 25: Before the Reading of the Torah

בָּרְכוּ אֶת־יְיָ הַמְבֹרָךְ!

בָּרוּךְ יְיָ הַמְבֹרָךְ לְעוֹלָם וָעֶד!

בָּרוּךְ אַתָּה, יְיָ אֱלֹהֵינוּ, מֶלֶךְ הָעוֹלָם, אֲשֶׁר בָּחַר־בָּנוּ מִכָּל־הָעַמִּים

וְנָתַן־לָנוּ אֶת תּוֹרָתוֹ. בָּרוּךְ אַתָּה, יְיָ, נוֹתֵן הַתּוֹרָה.

Praise Adonai, to whom our praise is due!
Praised be Adonai, to whom our praise is due, now and for ever!
Blessed is Adonai our God, Ruler of the universe, who has chosen us from all peoples by giving us the Torah. Blessed is Adonai, Giver of the Torah.

Blessing 26: After the Reading of the Torah

בָּרוּךְ אַתָּה, יְיָ אֱלֹהֵינוּ, מֶלֶךְ הָעוֹלָם, אֲשֶׁר נָתַן לָנוּ תּוֹרַת אֱמֶת וְחַיֵּי

עוֹלָם נָטַע בְּתוֹכֵנוּ. בָּרוּךְ אַתָּה, יְיָ, נוֹתֵן הַתּוֹרָה.

Blessed is Adonai our God, Ruler of the universe, who has given us a Torah of truth, implanting within us eternal life. Blessed is Adonai, Giver of the Torah.

Blessing 27: Before the Reading of the Haftarah

בָּרוּךְ אַתָּה, יְיָ אֱלֹהֵינוּ, מֶלֶךְ הָעוֹלָם, אֲשֶׁר בָּחַר בִּנְבִיאִים טוֹבִים וְרָצָה

בְדִבְרֵיהֶם הַנֶּאֱמָרִים בֶּאֱמֶת. בָּרוּךְ אַתָּה, יְיָ, הַבּוֹחֵר בַּתּוֹרָה וּבְמֹשֶׁה עַבְדּוֹ

וּבְיִשְׂרָאֵל עַמּוֹ וּבִנְבִיאֵי הָאֱמֶת וָצֶדֶק.

Blessed is Adonai our God, Ruler of the universe, who has chosen faithful prophets to speak words of truth. Blessed is Adonai, for the revelation of Torah, for Moses God's servant and Israel God's people, and for the prophets of truth and righteousness.

Blessing 28: After the Reading of the Haftarah

בָּרוּךְ אַתָּה, יְיָ אֱלֹהֵינוּ, מֶלֶךְ הָעוֹלָם, צוּר כָּל־הָעוֹלָמִים, צַדִּיק בְּכָל־הַדּוֹרוֹת, הָאֵל הַנֶּאֱמָן, הָאוֹמֵר וְעוֹשֶׂה, הַמְדַבֵּר וּמְקַיֵּם, שֶׁכָּל־דְּבָרָיו אֱמֶת וָצֶדֶק.

Blessed is Adonai our God, Ruler of the universe, Rock of all creation, Righteous One of all generations, the faithful God whose word is deed, whose every command is just and true.

עַל־הַתּוֹרָה וְעַל־הָעֲבוֹדָה וְעַל־הַנְּבִיאִים וְעַל־יוֹם הַשַּׁבָּת הַזֶּה, שֶׁנָּתַתָּ־לָּנוּ, יְיָ אֱלֹהֵינוּ, לִקְדֻשָּׁה וְלִמְנוּחָה, לְכָבוֹד וּלְתִפְאָרֶת, עַל־הַכֹּל, יְיָ אֱלֹהֵינוּ, אֲנַחְנוּ מוֹדִים לָךְ, וּמְבָרְכִים אוֹתָךְ. יִתְבָּרַךְ שִׁמְךָ בְּפִי כָּל־חַי תָּמִיד לְעוֹלָם וָעֶד.

בָּרוּךְ אַתָּה, יְיָ, מְקַדֵּשׁ הַשַּׁבָּת.

For the Torah, for the privilege of worship, for the prophets, and for the Shabbat that You, Adonai our God, have given us for holiness and rest, for honor and glory, we thank and bless You. May Your name be blessed for ever by every living being.
Blessed is Adonai, for the Sabbath and its holiness.

Blessing 29: The Blessing for Putting Up a Mezuzah

בָּרוּךְ אַתָּה, יְיָ אֱלֹהֵינוּ, מֶלֶךְ הָעוֹלָם, אֲשֶׁר קִדְּשָׁנוּ בְּמִצְוֹתָיו וְצִוָּנוּ לִקְבּוֹעַ מְזוּזָה.

Blessed is Adonai our God, Ruler of the universe, by whose mitzvot we are hallowed, who commands us to affix the mezuzah.

The mezuzah is affixed to the upper part of the doorpost. It is placed on the right-hand side as you enter the house, with its top inclining inward.

ADDITIONAL READINGS

FOUR QUESTIONS FROM THE PASSOVER HAGGADAH

מַה נִּשְׁתַּנָּה הַלַּֽיְלָה הַזֶּה מִכָּל הַלֵּילוֹת?

שֶׁבְּכָל הַלֵּילוֹת אָֽנוּ אוֹכְלִין חָמֵץ וּמַצָּה, הַלַּֽיְלָה הַזֶּה כֻּלּוֹ מַצָּה.

שֶׁבְּכָל הַלֵּילוֹת אָֽנוּ אוֹכְלִין שְׁאָר יְרָקוֹת, הַלַּֽיְלָה הַזֶּה מָרוֹר.

שֶׁבְּכָל הַלֵּילוֹת אֵין אָֽנוּ מַטְבִּילִין אֲפִילוּ פַּֽעַם אֶחָת, הַלַּֽיְלָה הַזֶּה שְׁתֵּי פְעָמִים.

שֶׁבְּכָל הַלֵּילוֹת אָֽנוּ אוֹכְלִין בֵּין יוֹשְׁבִין וּבֵין מְסֻבִּין, הַלַּֽיְלָה הַזֶּה כֻּלָּֽנוּ מְסֻבִּין.

Why is this night different from all other nights?

On all other nights, we eat either levened bread or matzah; on this night–only matzah.

On all other nights, we eat all kinds of herbs; on this night, we especially eat bitter herbs.

On all other nights, we do not dip herbs at all; on this night we dip them twice.

On all other nights, we eat in an ordinary manner; tonight we dine with special ceremony.

FROM THE PRAYER BOOK

Barechu

Praise Adonai, to whom our praise is due!
Praised be Adonai, to whom our praise is due, now and for ever!

בָּרְכוּ אֶת־יְיָ הַמְבֹרָךְ!
בָּרוּךְ יְיָ הַמְבֹרָךְ לְעוֹלָם וָעֶד!

Shema

Hear O Israel: Adonai is our God, Adonai is One!
Blessed is God's glorious kingdom for ever and ever!

שְׁמַע יִשְׂרָאֵל: יְיָ אֱלֹהֵינוּ, יְיָ אֶחָד!
בָּרוּךְ שֵׁם כְּבוֹד מַלְכוּתוֹ לְעוֹלָם וָעֶד!

Ve'ahavta

וְאָהַבְתָּ אֵת יְיָ אֱלֹהֶיךָ בְּכָל־לְבָבְךָ וּבְכָל־נַפְשְׁךָ וּבְכָל־מְאֹדֶךָ. וְהָיוּ
הַדְּבָרִים הָאֵלֶּה, אֲשֶׁר אָנֹכִי מְצַוְּךָ הַיּוֹם, עַל־לְבָבֶךָ. וְשִׁנַּנְתָּם לְבָנֶיךָ,
וְדִבַּרְתָּ בָּם בְּשִׁבְתְּךָ בְּבֵיתֶךָ, וּבְלֶכְתְּךָ בַדֶּרֶךְ, וּבְשָׁכְבְּךָ וּבְקוּמֶךָ.

You shall love Adonai your God with all your mind, with all your strength, with all your being. Set these words, which I command you this day, upon your heart. Teach them faithfully to your children; speak of them in your home and on your way, when you lie down and when you rise up.

וּקְשַׁרְתָּם לְאוֹת עַל־יָדֶךָ, וְהָיוּ לְטֹטָפֹת בֵּין עֵינֶיךָ, וּכְתַבְתָּם עַל־מְזֻזוֹת
בֵּיתֶךָ, וּבִשְׁעָרֶיךָ.

Bind them as a sign upon your hand; let them be a symbol before your eyes; inscribe them on the doorposts of your house, and on your gates.

לְמַעַן תִּזְכְּרוּ וַעֲשִׂיתֶם אֶת־כָּל־מִצְוֹתָי, וִהְיִיתֶם קְדֹשִׁים לֵאלֹהֵיכֶם. אֲנִי יְיָ
אֱלֹהֵיכֶם, אֲשֶׁר הוֹצֵאתִי אֶתְכֶם מֵאֶרֶץ מִצְרַיִם לִהְיוֹת לָכֶם לֵאלֹהִים, אֲנִי
יְיָ אֱלֹהֵיכֶם.

Be mindful of all My mitzvot, and do them: so shall you consecrate yourselves to your God. I, Adonai, am your God who led you out of Egypt to be your God; I, Adonai, am your God.

Mi Chamochah

Who is like You, Eternal One, among
the gods that are worshiped?
Who is like You, majestic in holiness,
awesome in splendor, doing wonders?

מִי־כָמֹכָה בָּאֵלִם, יְיָ?
מִי כָּמֹכָה, נֶאְדָּר בַּקֹּדֶשׁ,
נוֹרָא תְהִלֹּת, עֹשֵׂה פֶלֶא?

Veshamru

וְשָׁמְרוּ בְנֵי־יִשְׂרָאֵל אֶת־הַשַּׁבָּת, לַעֲשׂוֹת אֶת־הַשַּׁבָּת לְדֹרֹתָם בְּרִית עוֹלָם.

בֵּינִי וּבֵין בְּנֵי יִשְׂרָאֵל אוֹת הִיא לְעֹלָם, כִּי שֵׁשֶׁת יָמִים עָשָׂה יְיָ

אֶת־הַשָּׁמַיִם וְאֶת־הָאָרֶץ, וּבַיּוֹם הַשְּׁבִיעִי שָׁבַת וַיִּנָּפַשׁ.

The people of Israel shall keep the Sabbath, observing the Sabbath in every generation as a covenant for all time. It is a sign for ever between Me and the people of Israel, for in six days the Eternal God made heaven and earth, and on the seventh day God rested from [His] labors.

Avot

בָּרוּךְ אַתָּה, יְיָ אֱלֹהֵינוּ וֵאלֹהֵי אֲבוֹתֵינוּ, אֱלֹהֵי אַבְרָהָם, אֱלֹהֵי יִצְחָק,

וֵאלֹהֵי יַעֲקֹב: הָאֵל הַגָּדוֹל, הַגִּבּוֹר וְהַנּוֹרָא, אֵל עֶלְיוֹן. גּוֹמֵל חֲסָדִים

טוֹבִים, וְקוֹנֵה הַכֹּל, וְזוֹכֵר חַסְדֵי אָבוֹת, וּמֵבִיא גְאֻלָּה לִבְנֵי בְנֵיהֶם,

לְמַעַן שְׁמוֹ, בְּאַהֲבָה.

מֶלֶךְ עוֹזֵר וּמוֹשִׁיעַ וּמָגֵן. בָּרוּךְ אַתָּה, יְיָ, מָגֵן אַבְרָהָם.

We praise You, Adonai our God and God of all generations: God of Abraham, God of Isaac, God of Jacob; great, mighty, and awesome God, God supreme. Sovereign of all the living, Your ways are the ways of love. You remember the faithfulness of our ancestors, and in love bring redemption to their children's children for the sake of Your name.
You are our Ruler and our Help, our Savior and our Shield. Blessed is Adonai, the Shield of Abraham.

Aleinu

עָלֵינוּ לְשַׁבֵּחַ לַאֲדוֹן הַכֹּל, לָתֵת גְּדֻלָּה לְיוֹצֵר בְּרֵאשִׁית, שֶׁלֹּא עָשָׂנוּ

כְּגוֹיֵי הָאֲרָצוֹת, וְלֹא שָׂמָנוּ כְּמִשְׁפְּחוֹת הָאֲדָמָה; שֶׁלֹּא שָׂם חֶלְקֵנוּ כָּהֶם,

וְגֹרָלֵנוּ כְּכָל־הֲמוֹנָם.

וַאֲנַחְנוּ כּוֹרְעִים וּמִשְׁתַּחֲוִים וּמוֹדִים לִפְנֵי מֶלֶךְ מַלְכֵי הַמְּלָכִים, הַקָּדוֹשׁ

בָּרוּךְ הוּא.

We must praise Adonai of all, the Maker of heaven and earth, who has set us apart from the other families of earth, giving us a destiny unique among the nations.
We therefore bow in awe and thanksgiving before the One who is Sovereign over all, the Holy One, blessed be God.

Oseh Shalom

עֹשֶׂה שָׁלוֹם בִּמְרוֹמָיו, הוּא יַעֲשֶׂה שָׁלוֹם עָלֵינוּ וְעַל־כָּל־יִשְׂרָאֵל, וְאִמְרוּ:

אָמֵן.

May the One who causes peace to reign in the high heavens let peace descend on us, on all Israel, and all the world.

אָלֶף-בֵּית

CHART OF THE HEBREW ALPHABET

Page	Sounds Like	Transliteration	Hebrew Name	Script Letter	Block Letter
7	silent	Alef	אָלֶף	א	א
1	b	Bet	בֵּית	בּ	בּ
39	v	Vet	בֵית	ב	ב
24	g	Gimel	גִּימֶל	ג	ג
33	d	Dalet	דָּלֶת	ד	ד
10	h	Hei	הֵא	ה	ה
34	v	Vav	וָו	ו	ו
47	z	Zayin	זַיִן	ז	ז
28	ch	Chet	חֵית	ח	ח
38	t	Tet	טֵית	ט	ט
11	y	Yod	יוֹד	י	י
42	k	Kaf	כַּף	כּ	כּ
6	ch	Chaf	כָף	כ	כ
6	ch	Final Chaf	כָף סוֹפִית	ךְ	ךְ
15	l	Lamed	לָמֶד	ל	ל

Page	Sounds Like	Transliteration	Hebrew Name	Script Letter	Block Letter
19	m	Mem	מֵם	מ	מ
19	m	Final Mem	מֵם סוֹפִית	ם	ם
18	n	Nun	נוּן	נ	נ
18	n	Final Nun	נוּן סוֹפִית	ן	ן
46	s	Samech	סָמֶךְ	ס	ס
20	silent	Ayin	עַיִן	ע	ע
22	p	Pei	פֵּא	פּ	פּ
25	f	Fei	פֵא	פ	פ
25	f	Final Fei	פֵא סוֹפִית	ף	ף
27	ts	Tzadei	צָדִי	צ	צ
27	ts	Final Tzadei	צָדִי סוֹפִית	ץ	ץ
32	k	Kof	קוֹף	ק	ק
3	r	Reish	רֵשׁ	ר	ר
31	sh	Shin	שִׁין	שׁ	שׁ
45	s	Sin	שִׂין	שׂ	שׂ
9	t	Tav	תָּו	תּ	תּ
9	t	Tav	תָו	ת	ת

VOWEL CHART

Page	Sounds Like	Transliteration	Hebrew Name	Vowel
8	ah	Patach	פַּתָח	◌ַ
41	oo or u	Kubutz	קֻבּוּץ	◌ֻ
23	ee	Chirik	חִירִיק	◌ִ
14	eh	Segol	סֶגוֹל	◌ֶ
2	ah	Kamatz	קָמָץ	◌ָ
17	ay	Tzeirei	צֵירֵי	◌ֵ
16	oh	Cholam	חוֹלָם	וֹ or ◌ֹ
4	oo or u	Shuruk	שׁוּרוּק	וּ
5	i or a stop or pause	Sheva	שְׁוָא	◌ְ
31	ah	Chataf Patach	חֲטַף פַּתָח	◌ֲ
14	eh	Chataf Segol	חֲטַף סֶגוֹל	◌ֱ
49	aw or oh	Chataf Kamatz	חֲטַף קָמָץ	◌ֳ
49	oh or aw	Kamatz Katan	קָמָץ קָטָן	◌ָ